LES
MALAVAUX

TOPOGRAPHIE
HISTOIRE ET CROYANCES
CE QUI SE PASSAIT AUX MALAVAUX
LE LIBÉRATEUR. — DÉCOUVERTE
CONCLUSION

VICHY

WALLON, IMPRIMEUR-ÉDITEUR.

1873.

Prix : 50 c.

LES MALAVAUX

I

TOPOGRAPHIE DES MALAVAUX

Les Malavaux sont situés à six kilomètres de Vichy.

C'est une promenade qu'on peut faire à pied, quand on est bon marcheur, ou bien, dans le cas contraire, en voiture, à cheval et même à âne.

Pour y aller, vous passez par Cusset ; vous suivez le Faubourg Saint-Antoine, bâti de chaque côté de la route qui conduit à Lapalisse, et, lorsque vous arrivez au pont jeté sur le Jolan, vous laissez ce pont à gauche, sans le franchir par conséquent, et vous continuez tout droit votre chemin.

Si vous vous sentez assez de force pour faire cette promenade à pied et si vous aimez les petits sentiers solitaires, vous pouvez suivre le cours du Jolan, qui descend des montagnes du Forez, où des nuages en passant l'ont déposé, et, tout en admirant son babil et la fraîcheur des herbes qui croissent sur ses rives, vous parvenez à une vallée aride, désolée, tourmentée, dont les bords sont formés de rocs nus, secs et entassés ; vous êtes aux Malavaux.

L'aspect triste et sauvage de ces lieux laisse à l'âme une pénible impression et vous porte à croire volontiers à toutes les histoires effrayantes qu'on peut vous raconter en cet endroit.

Vous n'avez point en effet sous les yeux quelques-uns de ces gracieux vallons aux frais ombrages où le regard se repose sur des prairies émaillées de fleurs. Ce sont de petites montagnes pelées et décharnées et montrant à nu leur solide ossature de granit. D'âpres rochers y sortent du sol, comme une insurrection permanente contre le ciel. Nulle végétation, nulle trace de culture sur ces montagnes, si ce n'est quelques arbres rabougris sur le bord du ruisseau qui coule au fond de cette aride vallée. C'est bien la vallée maudite, la mauvaise vallée, les Malavaux.

Dans cette vallée l'imagination se resserre, la pensée s'attriste, l'âme se concentre ; tout ce qu'il y a dans elle de violent et de terrible se fait jour. On se figure sans peine que ces lieux ont été le théâtre des crimes les plus affreux. On croit même voir surgir de leurs tombeaux les ombres pâles et mélancoliques de quelques victimes des passions les plus féroces.

II

HISTOIRE & CROYANCES

On comprend, à la vue de cette vallée, que le diable dont l'imagination de nos ancêtres était pleine, ait hanté ces parages. Vous y verrez même encore aujourd'hui un puits dans lequel il se précipita un beau jour, si vous voulez bien vous en rapporter aux contes véridiques que l'on pourra vous en faire.

Aussi le puits conserve-t-il et conservera-t-il probablement longtemps le nom de *Puits du Diable* qui, depuis des siècles, lui a été donné.

Le Diable et les Sarrasins, voilà les deux grands épouvantails du moyen âge. Il est rare que ces deux noms ne soient pas un peu partout associés. C'est ce qui a lieu ici.

Non loin du *Puits du Diable*, se trouve la *Fontaine des Sarrasins*. C'est un filet d'eau qui coule toujours à travers le roc, comme vous en avez vu dans bien des endroits et qui a la propriété, commune à beaucoup d'autres fontaines, de rafraîchir ses visiteurs. Mais le nom de cette source prouve que les Sarrasins ont passé par là, comme on peut le voir dans le *Vichy historique* que M. Wallon a édité en 1869, et qui renferme dans tous ses détails l'histoire de Vichy.

Au milieu de ces rochers entassés sur cette montagne nue, s'élevait autrefois un manoir de Templiers. On pense que le puits, dont l'ouverture est là béante devant vous, était l'issue d'un souterrain qui communiquait de ce manoir avec le château des Templiers situé sur la montagne voisine et que vous avez pu visiter ; car vous n'avez pas oublié, je pense, le château du Mont-Peyroux qui domine la vallée de l'Ardoisière.

Reportez-vous donc par la pensée à l'époque où ces moines militaires qui s'étaient chargés de défendre le Temple de Jérusalem contre les profanations des Musulmans, étaient devenus si riches et si dépravés, que leur dépravation faisait crier le peuple et que leurs richesses tentaient la cupidité de notre bon roi Philippe IV, toujours à court d'argent. Ecoutez les bruits de toutes sortes qui circulent sur leurs mœurs, et dont l'écho est parvenu du treizième siècle jusqu'à nous. Que d'enlèvements de filles, de femmes et d'enfants ont été mis sur leur compte ! Il y a peut-être du vrai au fond de cette rumeur maligne.

Personne n'en doute, dans le pays. Si même votre regard tombe sur un bloc de pierre situé en face des Malavaux, de l'autre côté du ruisseau, et représentant grossièrement un moine à genoux qui prie, votre guide ne manquera pas de vous dire que c'est le dernier des Templiers, que la justice du Ciel a ainsi pétrifié, dans une posture humiliée, pour que la postérité se souvienne toujours, en le voyant, des crimes qui ont été commis dans les manoirs du Temple.

Mais écoutez le récit véridique de la légende que, depuis le treizième siècle jusqu'à nos jours, on se raconte, de génération en génération, dans toutes les maisons voisines des Malavaux.

LA LÉGENDE DES MALAVAUX

I

CE QUI SE PASSAIT AUX MALAVAUX

Au treizième siècle, on voyait s'élever, sur le Mont-Peyroux, un magnifique château, dont les abords étaient défendus de tous côtés par des tours et d'épaisses murailles, percées de meurtrières et surmontées de créneaux.

Un pont-levis, qu'on abaissait et qu'on levait, au gré des habitants du château, en rendait l'accès impossible à tout étranger venant du dehors.

Nul ne pouvait donc savoir ce qui se passait dans ce magnifique château, où vivaient, au milieu d'un luxe tout oriental, les chevaliers du Temple.

Cependant, disait-on, les apparences y étaient sauvegardées et aucun acte blessant pour la morale, n'y frappait les yeux des rares visiteurs qu'on y admettait. A part quelques cris extraordinaires, promptement étouffés, les voisins ne s'apercevaient de rien.

Mais, non loin de là, les choses se passaient autrement.

Sur le penchant des Malavaux, il y avait aussi un manoir des Templiers fortifié comme celui du Mont-Peyroux et dont aucun habitant du pays n'osait approcher ; tant étaient effrayants les bruits qui circulaient dans la contrée sur cette vallée maudite

Non-seulement son aspect sauvage et désolé en éloignait le voyageur ; mais il s'y passait des choses épouvantables.

Il n'était pas rare, en effet, pendant la nuit, au milieu du calme de la nature, de voir soudain cette vallée envahie par des feux sortis du sein de la terre et l'éclairant de toutes parts d'une flamme infernale.

Alors, les rochers, soulevés par une force magique, sursautaient sur leurs bases et roulaient dans le ruisseau, dont le cours était déplacé. Tous les éléments semblaient déchaînés. La terre entière tremblait.

Pendant ce temps, des bruits étranges, courant à travers les airs, se faisaient entendre. On distinguait confusément, mêlés au galop des chevaux, des cris, des plaintes, sortant de poitrines de femmes.

C'était la ronde des démons qui passait, en emmenant leurs victimes.

Tels étaient les récits que les gens du manoir répandaient dans les campagnes et dans les villes. Si quelque curieux osait s'aventurer dans le désert affreux des Malavaux, on lui montrait de loin le trou par où, chaque nuit et quelquefois le jour, le diable et ses suppôts descendaient aux enfers.

Alors un frisson passait par le corps du curieux, et il ne pouvait s'empêcher de trouver que cette vallée des Malavaux sentait le soufre et ses rochers le roussi; et il avait hâte d'en sortir, pour ne pas voir la terre s'entr'ouvrir et les cornes du diable se montrer à lui.

Cependant on se disait tout bas que ce diable des Malavaux avait des goûts bien galants car s'il enlevait quelqu'un de ce monde, c'étaient toujours les jeunes filles ou les jeunes femmes les plus jolies. Mais on mettait ces enlèvements sur le compte de la curiosité naturelle aux filles d'Eve, et tout était dit.

Pourtant il arriva un moment où, à dix lieues à la ronde des Malavaux, on n'entendit plus que les gémissements des pères et des mères dont les filles avaient disparu ou des maris dont les femmes n'étaient plus revenues au logis. Plusieurs prétendaient en avoir vu passer, emportées par un cavalier fantastique et tenues en croupe sur un cheval ailé, dont les naseaux vomissaient des flammes.

Aussi voyait-on rôder à Vichy, à Cusset et dans les environs, une foule de malheureux qui demandaient à tous les échos de leur rendre l'objet aimé qu'ils avaient perdu.

Mais l'effroi que leur causait la terrible vallée des Malavaux empêchait la plupart d'entre eux de pénétrer dans cette retraite isolée et sauvage, où toutes sortes de vices pouvaient trouver un abri assuré.

II

LE LIBÉRATEUR

Un jour cependant, on vit arriver à Vichy un jeune gentilhomme plein de courage, d'énergie et de résolution.

Semblable à l'antique Cadmus cherchant sa sœur Europe, il errait, depuis quatre ans, de pays en pays, ayant fait vœu de ne rentrer dans le château de son père, situé sur un des coteaux de l'Auvergne, que lorsqu'il aurait retrouvé son Hermina, sa sœur, qu'un personnage inconnu avait, un soir, à la tombée de la nuit, enlevée de l'église voisine du château.

Le jeune chevalier de Montrodeix, pour l'appeler par son nom, entendit parler, à Vichy, avec une sorte d'effroi, des Templiers des Malavaux, de l'apparition du Diable dans la vallée, des courses aériennes et nocturnes d'êtres étranges et de l'embrasement du sol, et il résolut de voir de près ce qu'il y avait de vrai au fond de tous ces bruits.

Il partit seul, un soir, armé de sa bonne et lourde épée, et se dirigea par Cusset vers la vallée maudite. Quelques fenêtres éclairées du manoir des Templiers guidaient ses pas.

Parvenu au pied de ce manoir, il s'arrêta sur le bord du ruisseau, se dissimula parmi des masses de rochers et attendit.

Longtemps le sombre et pénible silence de ces lieux désolés ne fut troublé que par le cri de l'orfraie ou par les chants de joie qui s'échappaient de la demeure des Templiers.

Mais tout-à-coup un cor de chasse ayant retenti dans le lointain, un autre cor se fit entendre au sommet d'une des tours du manoir.

Alors le chevalier de Montrodeix vit des formes humaines descendre de ce manoir, glisser dans l'ombre et se disperser dans la vallée. Puis, quand son oreille commençait à saisir le bruit du galop précipité de plusieurs chevaux, arrivant à fond de train vers lui, la vallée, l'air, le ciel même, furent soudain embrasés en vingt endroits d'une immensité de flammes rouges, bleues, vertes, violettes et jaunes.

Il ne put s'empêcher d'être ému. Jamais pareil spectacle n'avait frappé sa vue. Il se demandait, avec anxiété, s'il n'avait pas été subitement transporté au milieu des enfers; car les êtres fantastiques qui attisaient ces feux étranges, en étaient éclairés d'une telle façon que rien de semblable n'avait dû jamais être vu par un œil humain. Les feux du Bengale, à cette époque, étaient connus de peu de monde.

Pendant ce temps-là, le galop des chevaux s'était approché et ralenti. Il était évident que des cavaliers montaient une côte au pas. Du milieu d'eux partaient des gémissements étouffés, aussitôt couverts par le son, ou plutôt, par le bruissement d'instruments bizarres qui retentissaient dans les ténèbres de la nuit, comme une musique d'outre-tombe. Mais pas un mot n'était prononcé. On ne voyait personne. L'éclat des flammes faisait la nuit plus profonde dans le lointain.

Tout d'un coup le bruit cessa, les flamme s'éteignirent et toute la vallée rentra dans l'ombre et dans le silence. On n'entendait plus que le pas des chevaux montant lentement vers le manoir.

Le jeune chevalier de Montrodeix sortit alors de l'espèce de stupéfaction dans laquelle il venait d'être plongé. Il lui semblait qu'il avait été le jouet d'un rêve ou d'une hallucination.

Si c'était la réalité, quel mystère cachait cette mise en scène ?

III

DÉCOUVERTE

Tout en se posant cette question, il était sorti de sa cachette et se dirigeait vers un point de la montagne, où un mouvement de halte s'était produit dans la caravane, au milieu de soupirs et de plaintes, et où une lumière de torches brilla un instant.

Devant lui était une sorte de puits. Il en fit le tour, jeta une pierre dedans, pour voir s'il y avait de l'eau, et, sûr qu'il n'y en avait point, il se demanda s'il n'avait pas devant lui l'entrée d'un souterrain.

Tout en y réfléchissant, il remua une des pierres qui formaient le bord du puits; la pierre roula sur elle-même, en laissant devant elle un large espace libre.

Le chevalier de Montrodeix pénétra avec prudence dans cet espace. Une pente douce le conduisit dans un profond souterrain. Bientôt il se trouva en face de deux routes : l'une conduisait au manoir, dont il entendait distinctement toutes sortes de bruits, et l'autre s'avançait dans une direction qui semblait être celle du château des Templiers du Mont-Peyroux.

Il la suivit longtemps ; mais comme la nuit était avancée, il revint sur ses pas, bien décidé à connaître ce qui se passait dans ces retraites, dont la réputation commençait à n'être pas bonne.

Le lendemain, vêtu en paysan, il se présenta à la porte du manoir, demandant à être employé comme domestique.

Justement, une place de domestique était vacante; on la lui donna.

Mais pendant longtemps, comme on n'avait pas en lui une très-grande confiance, il était obligé de se tenir loin des appartements secrets des chevaliers. A la fin, il parvint peu à peu à s'en approcher.

Alors il constata avec indignation que, dans les pièces les plus retirées du manoir, il y avait des femmes ; il vit tous les soirs les che-

valiers boire, chanter, danser avec elles et se livrer à toutes sortes d'orgies, comme font les élus avec les Houris dans le Paradis de Mahomet ; et il apprit qu'on livrait sans pitié à la mort toutes celles qui refusaient d'accepter gaiement un pareil genre de vie.

Sa sœur était-elle du nombre des vivantes ou de celui des mortes ?

Un jour qu'il réfléchissait avec angoisse à cette question, dans un corridor rapproché de l'appartement des femmes, il vit venir à lui un charmant enfant de trois ans, à peu près, qui répondit à ses questions, en lui disant que sa mère habitait une chambre d'où elle ne sortait jamais et dans laquelle elle recevait tous les jours la visite du chef des Templiers, son mari, et qu'elle s'appelait Hermina.

Le chevalier de Montrodeix ne douta plus un instant du sort affreux de sa sœur. Mais que faire à celà ? A lui seul, il ne pouvait rien.

Le soir même, il était chez le bailli de Cusset et lui découvrait tout ce qu'il avait vu et appris.

C'était justement le moment où tous les baillis de France avaient reçu l'ordre de faire arrêter tous les chevaliers du Temple.

Guidés par le chevalier de Montrodeix, qui avait repris son épée, les soldats du bailli pénétrèrent dans le souterrain, pendant que d'autres surveillaient la porte du château et celle du manoir.

Aucun membre de l'association des Templiers n'échappa; tous furent pris et passèrent plus tard en jugement. Un seul fut tué dans cette circonstance. Ce fut le chef, qui reçut en pleine poitrine un coup d'épée de la main du chevalier de Montrodeix, dont la colère était à son comble.

A peine avait-il fait justice du ravisseur de sa chère Hermina, qu'il s'empressa d'aller la délivrer de son horrible captivité.

On trouva dans ces demeures un nombre considérable de jeunes femmes auxquelles on rendit la liberté. Les richesses qui étaient enfouies dans ces repaires furent attribuées au roi. On démolit le château et le manoir et on combla le souterrain, dont il serait difficile aujourd'hui de retrouver les traces.

Et maintenant, on voit, dans certaines nuits, apparaître, au fond de la vallée, de longs fantômes vêtus du manteau blanc à croix rouge, et on les entend crier, les uns après les autres :

« Jeunes filles, dormez en paix ; les chevaliers du Temple ne sont plus ! »

CONCLUSION.

Quant à la vallée des Malavaux, elle est aujourd'hui parfaitement tranquille et sûre.

On y a élevé quelques habitations avec les débris du manoir des Templiers, entre autres un *Café-Restaurant*, où l'on peut déjeûner et dîner à toute heure.

Le prix d'entrée dans l'enclos des Malavaux est de 50 centimes par personne. Mais l'entrée est libre pour celles qui y viennent déjeûner ou dîner.

On y trouve d'excellentes truites du Sichon et de fort bonnes écrevisses à la Bordelaise, et, sans faire aussi bonne chère que les Templiers d'autrefois, on y est servi proprement et confortablement.

VICHY. — IMP. WALLON.

www.ingramcontent.com/pod-product-compliance
Lightning Source LLC
Chambersburg PA
CBHW070522050426
42451CB00013B/2812